喜欢每个今天，
喜欢每个句子

金句工作室 · 编著

去开心，去期待，去热爱。

CONTENTS

目录

01. 聆听智慧

当你为错过太阳而哭泣的时候,你也要再错过群星了。

◇ 001

02. 肆意烂漫

如果是玫瑰,它总会开花的。

◇ 043

03. 沉浸温柔

世界以痛吻我,让我报之以歌

◇ 08

04. 独清独醒

每个人心里都有一团火,路过的人只看到了烟。

◇ 119

05. 知止常止

所谓阅历,不是要走遍千山万水,而是在平淡中体味生活的苦涩。

◇ 149

聆听智慧

00:00　　　　　　　　　　　　　　　　　　　　03:21

Chapter 1

聆听智慧

你做三四月的事,在八九月自有答案。

未曾长夜痛哭者,不足以语人生。

——托马斯·卡莱尔

天才是像陨石一样,注定了要燃烧自己来照亮他的时代。

——拿破仑

那脑袋里的智慧,就像打火石里的火花一样,不去打它是不肯出来的。

——莎士比亚

长歌当哭,是必须在痛定之后的。

——鲁迅

每个人都会有缺陷,就像被上帝咬过的苹果,有的人缺陷比较大,正是因为上帝特别喜欢他的芬芳。

——托尔斯泰

当你为错过太阳而哭泣的时候,你也要再错过群星了。

——泰戈尔

生活永远不可能像你想象得那么好,但是也不会像你想象得那么糟。

——莫泊桑

我们虽然由儿童变成大人,

然而我们这心灵是始终一贯的心灵,

即依然是儿时的心灵。

只不过经过经久的压抑,

所有的怒放的、炽热的感情的萌芽,

屡被磨折,不敢再发生罢了。

——《给孩子的散文》

一个人可以被毁灭,但不能被打败。

——海明威

当华美的叶片落尽,生命的脉络才历历可见。

——聂鲁达《似水年华》

生活总是让我们遍体鳞伤,但到后来,那些受伤的地方一定会变成我们最强壮的地方。

——海明威

人生应该如蜡烛一样,从顶燃到底,一直都是光明的。

弱者选择复仇，强者选择原谅，智者选择忽略。

——萧伯纳

当你的希望一个个落空，你也要坚定，要沉着！

——朗费罗

聪明的人有长的耳朵和短的舌头。

——弗莱格

人生据说是一部大书。假使人生真是这样，那么，活着并不能读完它，还得在死后读完它。

——《窗子之外》

一个要教育别人的人，最有效的办法是首先教育好自己。

——《鲁滨逊漂流记》

重复言说多半是一种时间上的损失。

——弗朗西斯·培根

没有人是自成一体、与世隔绝的孤岛。每一个人都是广袤大陆的一部分。

——海明威《丧钟为谁而鸣》

非学无以广才,非志无以成学。

——诸葛亮

他人气我我不气,我本无心他来气。

——阎敬铭《不气歌》

如果你讨厌的人骂你,那你一定是做对了什么。

——戴尔·卡耐基

如果你什么都做得太久,开始得太晚,你就不指望大家还留在那里。人都散了。

——海明威《乞力马扎罗的雪》

懒惰像生锈一样,比操劳更能消耗身体。

——富兰克林

乞丐不会妒忌百万富翁,但他肯定会妒忌收入更高的乞丐。

——伯特兰·罗素

人生布满荆棘,我们想的唯一办法就是从荆棘上迅速跨过。

——伏尔泰

有了秋雨与灯光的秋夜，实在给人一种诗意画境。

——《一些印象》

你能在浪费时间中获得乐趣，就不是浪费时间。

——罗素

"你以后想成为什么样的人？"
"什么意思，难道我以后就不能成为我自己了吗？"

——《阿甘自传》

盛年不重来，一日难再晨。

韬略终须建新国,奋发还得读良书。

人是活的,书是死的。活人读死书,可以把书读活。

死书读活人,可以把人读死。

我们人人要存着必胜的决心,然而我们也要不怕屡败的挫折。

时间就是生命,时间就是速度,时间就是力量。

——郭沫若

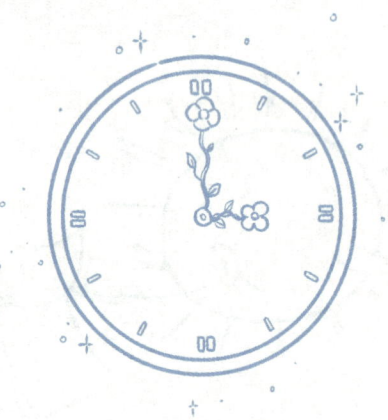

一个人心中毫无所爱的时候,可以满足于虚荣,但一旦有了爱情,虚荣就变得庸俗不堪。

——《茶花女》

所谓的听天由命,是一种得到证实的绝望。

——《瓦尔登湖》

猛兽总是独行,牛羊才成群结队。

——鲁迅

每一次克制自己,就意味着比以前更强大。

——高尔基

人的行为总是一再重复。因为卓越不是一时的行为,而是习惯。

——亚里士多德

人生不过如此,且行且珍惜。

——林语堂

爱一物,是兼爱它的明暗两方面。否则,没有暗的明是不明的,是不可爱的。

——《山水间的生活》

一个人之所以会痛苦,是因为他没有高度。

——稻盛和夫

人生不是一种享乐,而是一桩十分沉重的工作。

——托尔斯泰

衰老是成长过程的后续和重复。

——多丽丝·莱辛

做你自己,因为别人都有人做了。

——王尔德

优于别人,并不高贵,真正的高贵应该是优于过去的自己。

——海明威

被人揭下面具是一种失败,自己揭下面具却是一种胜利。

——雨果《海上劳工》

天分高的人如果懒惰成性,亦即不自努力以发展他的才能,则其成就也不会很大,有时反会不如天分比他低些的人。

——茅盾

有一条路、每个人非走不可、那就是年轻时候的弯路。

——张爱玲

追逐影子的人,自己就是影子。

———荷马

说是人生无常,却也是人生之常。

———余光中

不要努力成为一个成功者,要努力成为一个有价值的人。

———爱因斯坦

我对生活的感悟可以用这七个字来概括:一切都会过去的。

———罗伯特·弗罗斯特

不过话得说回来,没有一桩事是容易的。

———海明威

自然赋予人们的不调和还很多,人们自己萎缩堕落退步的也还很多,然而生命决不因此回头。

———鲁迅

只要朝着阳光,便不会看见阴影。

———海伦·凯勒

矮人看戏何曾见，都是随人说短长。

——赵翼

那些听不见音乐的人，认为跳舞的人疯了。

——尼采

你做三四月的事，在八九月自有答案。

——余世存《时间之书》

三样东西有助于缓解生命的辛劳：希望、睡眠和微笑。

——康德

真正的强大不是对抗，而是允许发生，允许遗憾、愚蠢、丑恶、虚伪，允许付出没有回报。

——莫言《晚熟的人》

愚昧将使你达不到任何成果，并在失望和忧郁之中自暴自弃。

——达·芬奇

努力的过程本就是孤岛，但最后抵达的一定是充满生机的彼岸。

——《人民日报》

把自己还给自己,把别人还给别人。让花成花,让树成树,从此山水一程,再不相逢,愿来生,不见,不欠,不念。

——杨绛

不要虚掷你的黄金时代,不要倾听枯燥乏味的东西,不要设法挽留无望的失败,不要把你的生命献给无知、平庸和低俗。

——王尔德

一生那么短,遗忘又那么漫长。

——《泰坦尼克号》

不迁怒,不贰过。

——《论语》

君子有诸己而后求诸人,无诸己而后非诸人。

——《大学》

有孤独,才能保持永远澄澈。

——《井》

书本上的知识而外,尚须从生活的人生中获得知识。

——茅盾

大众没有辨别能力,因而无法判断事情的真伪,许多经不起推敲的观点,都能轻而易举地得到普遍赞同。

——《乌合之众》

没有人因多活几年而变老,人老只是由于抛弃了理想。

——巴金

你总喜欢把事情拖到第二天,你不能总是这么拖了,有一天,你会有很多事情要做,你的余生都不够用。

——《余生的第一天》

懒，能使人脾气大。

——老舍

对待生命，你不妨大胆一点，因为我们始终要失去它。

——尼采

读书不能囫囵吞枣，而要从中吸取自己需要的东西。

——易卜生

一年之计在于春，一日之计在于晨。

——萧绎

理想是人生的太阳。

——德莱塞

虚心接受别人的批评，也是对自己的一种促进。

——曹禺

没有口水与汗水，就没有成功的泪水。

——歌德

真正的智慧是了解自己的无知。

——苏格拉底

"苏"式哲理——苏东坡的人间清醒

世事一场大梦,人生几度秋凉。

谁道人生无再少?门前流水尚能西!

江山风月,本无常主,闲者便是主人。

休言万事转头空,未转头时皆梦。

莫听穿林打叶声,何妨吟啸且徐行。

谁怕?一蓑烟雨任平生。

回首向来萧瑟处,归去,也无风雨也无晴。

成功是一种观念,如果你认为你已经成功,那么你已经成功了。

——托尔斯泰

外观往往和事物的本身完全不符,世人都容易为表面的装饰所欺骗。

——《威尼斯商人》

鸟欲高飞先振翅,人求上进先读书。

——李苦禅

古之立大志者,不惟有超世之才,亦必有坚韧不拔之志。

——苏轼

一块土塑成了美的菩萨,丑的将军。怨及匠人的偏心,不如归咎自己的命运。

——石评梅《红粉骷髅》

自知者不怨人,知命者不怨天。

——《荀子·荣辱》

比起恍然大悟,懵懂才是恩泽。

——高银《一次以上》

这吹不起褶的平静日子,也在闪光。那些看似不起波澜的日复一日,会在某天让你看到坚持的意义。

——《环球人物》

伟大的事业,需要决心、能力、组织和责任感。

——易卜生

没有情感的理智,是无光彩的金块,而无理智的情感,是无鞍镫的野马。

——郁达夫

你要批评指点四周风景,你首先要爬上屋顶。

——歌德

人生就像爬坡,要一步一步来。

——丁玲

朋友是永恒的,并没有结束的时候。

——巴金

不要把朋友当作对自己好的东西,也不要轻易交出不想要的东西。

——丁玲

任何东西都可被替代,爱情,往事,记忆,失望,时间……都可以被替代,但是你不能无力自拔。

——林徽因

你拥有青春的时候,就要感受它。

——王尔德

我荒废了时间,时间便把我荒废了。

——莎士比亚

使人疲惫的不是远方的高山,而是鞋子里的一粒沙子。

——伏尔泰

人生的光荣,不在永不失败,而在于能够屡扑屡起。

——拿破仑

我们之所以有两只耳朵而只有一张嘴,是为了让我们多听少说。

今天做不成的，明天也不会做好。

——歌德

青年时种下什么，老年时就收获什么。

——易卜生

谁虚度了年华，青春就将褪色。

——雨果

所谓无底深渊，下去，也是前程万里。

——木心《素履之往》

永恒属于时间的范畴，因此也是匆匆过客。

——博尔赫斯

风可以吹起一大张白纸，却无法吹走一只蝴蝶，因为生命的力量在于不顺从。

——冯骥才

人生就像弈棋，一步失误，全盘皆输，这是令人悲哀之事；而且人生还不如弈棋，不可能再来一局，也不能悔棋。

——弗洛伊德

物忌全胜,事忌全美,人忌全盛。

——李叔同

当众人都哭时,应该允许有的人不哭。

——莫言

抱最好的希望,做最坏的打算。

——史蒂芬·金《肖申克的救赎》

愚人之所以是愚人,就是因为他以为自己很有思想。

——老舍

人和电影不一样,人生辛苦多了。

——《天堂电影院》

接受每一个人的批评,可是保留你自己的判断。

——莎士比亚

有一条路,每个人非走不可,那就是年轻时候的弯路。

——张爱玲

美不是一种需要,只是一种欢乐。

——纪伯伦

每个人都需要被珍视,每个人都有回馈社会的可能。

——戴安娜王妃

人的一生,除了要面对无常带来的跌宕,还有贯穿在其中的平淡和琐碎。

——《海街日记》

所有的时间、都是对夏天的加减。

生前何必久睡,死后自会长眠。

——萧红

活在集体中,你得始终保持自己。

——亚里士多德

生命是自己的画板,为什么要依赖别人着色。

——汪国真

生命的有些时候,你必须去挑战伟大。

——科比

人,只要有一种信念,有所追求,什么艰苦都能忍受,什么环境也都能适应。

——丁玲

一个人在发怒的时候,最难看。

——梁实秋

评论家经常不看作家的作品,却声称自己看了;作家经常看评论家的评论,却声称从来不看。

——王晓渔

天地最有情,少年莫浪投。

——陈毅

不怕读得少,只怕记不牢。

——徐特立

读书忌死读,死读钻牛角。

——叶圣陶

要知天下事,须读古人书。

——《醒世恒言》

> 万人都要将火熄灭,我一人独将此火高高举起。

读不在三更五鼓,功只怕一曝十寒。

——郭沫若

万物皆有裂隙,那是光照进来的地方。

——莱昂纳德·科恩

生活就像海洋,只有意志坚强的人,才能到达彼岸。

——马克思

要散布阳光到别人心里,先得自己心里有阳光。

——罗曼·罗兰

青年、国家、时代,是形影相随的铁三角、彼此助推的浪涛。

——《人民日报》

傲慢让别人无法来爱我,偏见让我无法去爱别人。

——简·奥斯汀《傲慢与偏见》

只有离开故乡,才能获得故乡。

——《朗读者》

过去并不是一个沉默的哑子,它会告诉我们一些事情。

——巴金《激流》总序

打断你的腿,再给你一副拐杖,然后告诉你,没有我,你连路都走不了,所以你要懂得感恩。

——鲁迅

如果一个人影响到你的情绪,你的焦点应该放到控制自己情绪上,而不是影响你的那个人上。

——马克·吐温

这个世界并不在乎你的自尊，只在乎你做出来的成绩，然后再去强调你的感受。

—比尔·盖茨

低级的欲望放纵即可获得，高级的欲望只有克制才能达成。

——卡耐基

很多时候，蒙蔽我们双眼的，不是假象，而是自己的执念。

——《赎罪》

有信心不一定会成功，没信心一定不会成功。

——《英雄本色》

真正的平静，不是避开车马喧嚣，而是在心中修篱种菊。

——林徽因

踩着别人脚步走路的人，永远不会留下自己的脚印。

——爱因斯坦

一个人越是有许多事情能够放得下，他就越是富有。

——梭罗

人心中都有一股快乐泉水，日常的烦乱生活，遮蔽了它的声音。

——《听泉》

愿意的人，命运领着走；不愿意的人，命运拖着走。他忽略了第三种情况：和命运结伴而行。

——塞涅卡

倒过来试试吧，亲爱的！

——门采尔

古来成大事者不过是知其不可而为之。

——梁遇春

人，诗意地栖居在大地上。

——海德格尔

多言不表明有才智。

——泰勒斯

不要让你的舌头超出你的思想。

——喀隆

"什么是雪?""乌云的暮年。"

——阿多尼斯

这是一个黑暗的时代,也是一个光明的时代,这是一个绝望的年代,也是一个充满希望的时代。

——《双城记》

天下良辰、美景、赏心、乐事,四者难并。

——谢灵运

别在平原上停留，也别去爬得太高，打从半高处观看，世界显得最美好。

——尼采

摆脱过于烦恼的生活和太重大的责任，实行一种中庸式的人生。

——林语堂

虔诚不是目的，而是手段，是通过灵魂的最纯洁的宁静达到最高修养的手段。

——歌德

只有在变动中，我才能寻得自我的均衡。

——纪德

把失败看成常态，把成功当作偶然。

——朱熹平

你若要喜爱你自己的价值，你就得给世界创造价值。

——歌德

君子赠人以言，庶人赠人以财。

——荀况

社会犹如一条船,每个人都要有掌舵的准备。

——易卜生

人喜欢习惯,因为造它的就是自己。

——萧伯纳

愿每次回忆,对生活都不感到负疚。

——郭小川

人生的价值,并不是用时间,而是用深度去衡量的。

——托尔斯泰

夫君子之行,静以修身,俭以养德。非淡泊无以明志,非宁静无以致远。

——诸葛亮

人生最终的价值在于觉醒和思考的能力,而不只在于生存。

——亚里士多德

好脾气是一个人在社交中所能穿着的最佳服饰。

——都德

少而好学，如日出之阳；壮而好学，如日中之光；老而好学，如炳烛之明。

——刘向

人性一个最特别的弱点就是：在意别人如何看待自己。

——叔本华

人生没有目的，只有过程，所谓的终极目的是虚无的。

——尼采

人生而自由，却无往不在枷锁之中。

——卢梭

历史是一堆灰烬，但灰烬深处有余温。

——黑格尔

要能看见自己一路走来的脚印，并确信那些都是自己留下的印记，这才叫活着。

——东野圭吾《变身》

既然无处可逃，不如喜悦；既然没有净土，不如静心；既然没有如愿，不如释然。

——丰子恺《豁然开朗》

重的东西要轻轻放下,轻的东西才重重放下。

——森下典子

我们都太孤独了,但走进餐馆,仍会选择无人的桌子。

——康雪

你把秘密告诉了风,风会吹遍整片森林。

——纪伯伦

你瞧、这白云聚了散散了又聚人生离合亦复如斯。

如果我真的对云说话,你千万不要见怪,城市是一个几百万人孤独生活的地方。

——梭罗《瓦尔登湖》

一个人的行走范围,就是他的世界。

——北岛

当你用灵魂来做事时,你会感觉生命泉水的流动。

——鲁米

一个人若能观察落叶,鲜花,从细微处欣赏一切,生活就不能把他怎么样。

——毛姆

要大笑,要做梦,要与众不同。人生是一场伟大的冒险。

——《外婆的道歉信》

生命中最伟大的时刻不在于永不坠落,而在于坠落后总能再度升起。

——曼德拉

明天对于世界而言,永远是一个奇迹。

——柏拉图

空谈之类，是谈不久，也谈不出什么来的，它始终被事实的镜子照出原形，拖出尾巴而去。

——鲁迅

对一个尚未成熟的少年来讲，坏的伙伴比好的老师起的作用要大得多。

——伊索

容易发怒，是品格上最为显著的弱点。

——但丁

始吾于人也，听其言而信其行。今吾于人也，听其言而观其行。

——孔丘

谁若想在困厄时得到援助，就应在平日待人以宽。

——萨迪

人生最大的智慧，就是享受当前的时刻并使它成为生命里永恒的目标，因为只有当前的这一刻才是唯一且真实的，其余的一切只是我们的想法和思绪罢了。

——叔本华

只能看到细微的缺陷,却对星球的万丈光芒视而不见。

聆听智慧

我们一路奋战，不是为了改变世界，而是为了不让世界改变我们。

——《熔炉》

直到最后的最后，孤独犹如影子一样，存在于生命一隅。

——《百年孤独》

以深深的谦虚与忍耐去期待一个新的豁然贯通的时刻：这才是艺术地生活，无论是理解还是创造，都一样。

——里尔克

人们没有权利要求甜瓜必须结多少瓜，坐多少果，三十个也好，三个也罢，那要看甜瓜和夏天的心情。

——伊藤礼

每个人都有无限可能，只要你有勇气去追求。

——《疯狂动物城》

我年华虚度，空有一身疲倦。

——海子

我期望，人生厚重，每日却以浮沫填充。

——苍白

生活中每一桩糟糕事,几乎都是时机不当的结果;每件好事,都是时机恰到好处的结果。

——《岛上书店》

生活的意义是什么?就是企盼。企盼是什么?就是理想、猜想、梦想,永远得不到的水中的肉骨头。

——《一地鸡毛》

她那时候还太年轻,不知道所有命运赠送的礼物,早已在暗中标好了价格。

——《断头王后》

每个人都是月亮,总有一个阴暗面,从来不让人看见。

——马克·吐温

如果你要和别人产生羁绊、就要承受流泪的风险。

其实真正的送别没有长亭古道，没有劝君更尽一杯酒，就是在一个和平时一样的清晨，有的人留在了昨天。

——《克斯维尔的明天》

也许，不负光阴就是最好的努力，而努力就是最好的自己。

——村上春树

在自己身上，克服这个时代。

——尼采

当对幸福的憧憬过于急切，那痛苦就在人的心灵深处升起。

——加缪

有一种东西不能遵循从众原则，那就是人的良心。

——《杀死一只知更鸟》

买下一张永久的火车票，登上一列永无终点的火车。

——《百年孤独》

虽然辛苦，我还是会选择那种滚烫的人生。

——北野武

世上的事，只要肯用心去学，没有一件是太晚的。

——三毛《送你一匹马》

总是面向阳光，阴影就会被甩到身后。

——惠特曼《大路之歌》

一尘不染不是不再有尘埃，而是尘埃让它飞扬，我自做我的阳光。

——林清玄

世界上有太多孤独的人，害怕先踏出第一步。

——《绿皮书》

如果生活中有什么使你感到快乐，那就去做吧！不要管别人说什么。

——《海蒂和爷爷》

这个世界没有什么好畏惧的，反正我们只来一次。

——朱德庸

你问人问题，她若答非所问，便已是答了，毋需再问。

——木心

肆意烂漫　关注

当前观看人数 1000 +

你要不要同我去吹吹旷野的风。

江南的桂花开了，寂寞成片成片的香。

四方食事，不过一碗人间烟火。

再繁杂的尘世，也总有人在种她的花。

发送

Chapter 2

肆意烂漫

是心跳不止,是无可替代。

柏枝烧在火中,它的香气更浓。

——萧楚女

一切都会发生,一切都会过去。

——茅盾

我曾经心中执剑的少年,此刻也混迹于市井之间。

——朱炫《年少荒唐》

人本过客来无处,休说故里在何方。
随遇而安无不可,人间到处有芳香。

——林语堂

我们只愿在真理的圣坛之前低头,不愿在一世物质的权威之前拜倒。

——郭沫若

少年已成人,忘却了诗人和牧笛,心中偶尔渴望原野,只是当年的风不再。

——牧野

仰卧是春天的姿态,只要躺着便能拥有春天。

——夏目漱石《虞美人草》

肆意烂漫-论坛

发表新帖

看帖　**热门**　**精华**

这个世界是唯一的,人都要回家,都要用布把星星盖好,然后把灯碰亮。　NEW

发帖人:顾城

大家都不想活的时候,生命的力量是会爆发的。

——郭沫若《屈原》

只有竹子那样的虚心,牛皮筋那样的坚韧,烈火那样的热情,才能产生出真正不朽的艺术。

——茅盾

人的全部生命就是和运命苦斗,我们应当战胜运命,到生命最后的一秒不能动弹为止。

——柔石《二月》

知不足而奋进,望远山而力行。

——曹禺

既然选择了远方,便只顾风雨兼程。

——汪国真

我长眠于此,却无处不在。

——海森堡

然而浮云,然而朝霞,你是消解万物的日出,沿着我的缝隙而入。

——曹韵《自缝隙而入》

太阳晒好、总要诸君亲自去晒、旁人却替你晒不来。

我一直想从你的窗户里看月亮。

——张爱玲

我们活着就是这么一大段又凄凉又甜蜜的日子。

——曹禺《北京人》

没人期待我的到来,一切都等着我去打开。

——帕蒂·史密斯

剜心也不变,砍首也不变!只愿锦绣的山河,还我锦绣的面!

——柔石

我们本该共同行走,去寻找光明,可你却把我,留给了黑暗。

——曹禺《雷雨》

生逢乱世,即使命运如蝼蚁,但仍有人心向光明。

——《觉醒年代》

明天又是新的一天。

——米切尔《飘》

少年就是少年,他们看春风不喜,看夏蝉不烦,看秋风不悲,看冬雪不叹,看满身富贵懒察觉,看不公不允敢面对,只因他们是少年。

——陀思妥耶夫斯基《少年》

以青春之我,创建青春之家庭,青春之国家,青春之民族,青春之人类,青春之地球,青春之宇宙,资以乐其无涯之生。

——李大钊《青春》

一个没有英雄的民族,是一个可悲的民族,而一个拥有英雄而不知道爱戴他拥护他的民族则更为可悲。

——郁达夫

一千个蝴蝶的骸骨,睡在我的墙上。一大群年轻的微风,渡过河流。

——洛尔迦

在黑暗的尽头,太阳,扶着我站起来。

——海子《日出》

雪是大浪漫,你是小人间。

——杨犁民《大雪赋》

希君生羽翼,一化北溟鱼。

——李白

且视他人之疑目如盏盏鬼火,大胆地去走你的夜路。

——史铁生

有些人在属于自己的狭小世界里,守着简单的安稳与幸福,不惊不扰地过一生。有些人在纷扰的世俗中,以华丽的姿态尽情地演绎一场场悲喜人生。

——林徽因

> 我情愿化成一片落叶，
> 让风吹雨打到处飘零；
> 或流云一朵，在澄蓝天，
> 和大地再没有些牵连。

我不那么喜欢自己，无论外壳还是内脏，但我不想成为别人。

——瑟德尔贝里《格拉斯医生》

决定我们成为什么样的人，远不是我们的能力，而是我们的选择。

——《哈利·波特》

我现在所做的一切，都是为了追求更加完美。

——科比

活在这珍贵的人间，太阳强烈，水波温柔。

——海子《活在珍贵的人间》

你瞧，女孩子生来就漂亮得不讲道理。

——林鹤连

也许我爱的已不是你，而是对你付出的热情。就像一座神庙，即使荒芜，仍然是祭坛。一座雕像，即使坍塌，仍然是神。

——莱蒙托夫

星星聚集，梦涌入你的枕头，散发出空气温暖的芬芳。

——马克·斯特兰德

奇怪的就是，他既是那根针，又是包裹我的那个口袋。

——廖一梅

秋天短到没有，你我短到不能回头。

——冯唐

我们永远要做好朋友，长相厮守，至死方休。

——杰克·凯鲁亚克

这才是今生难预料，不想团圆在今朝。回首繁华如梦渺，残生一线付惊涛。

——《锁麟囊》

我陈旧而灰暗,像一件毛衣,你舍不得扔掉,却也不会再穿上。

——珍妮特·温特森

你一定知道我爱你,我都不知道如何掩饰。

——约翰·威廉斯

我只会在雪地上写信,写下你想知道的一切。来吧,要不晚了,信会化的。

——顾城

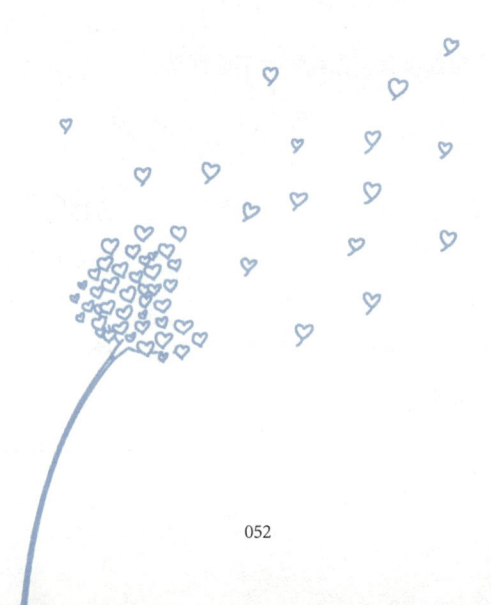

我睡了,我的诗记下你的温柔,你不妨安心放芽去做成绿荫。

——林徽因

身处井隅,心向璀璨。

——王尔德

我们得到生命的时候附带有一个不可少的条件,我们应当勇敢地捍卫生命,直到最后一分钟。

——狄更斯

生如夏花之绚烂,死如秋叶之静美。

——泰戈尔

祝你,历遍山河,依然觉得人生值得。

——林徽因

我的脑袋是个小小星球,每天只有你开着月亮列车巡游。

——晚川京子

冬天是温柔而寡言的季节,它用无尽的白色包裹大地,使万物似乎进入了一个梦幻般的世界。

——郝景芳

后来我终于明白,他尽管跟天气一样难以预料,却也跟天气一样无可避免。

——安吉拉·卡特

无时不在的我只有通过与总是不在的你对峙才显出意义。

——罗兰·巴特

你是在静静的情义中生长,没有一点声响,你一直走到我心上。

——海子

我从来不想独身,却有预感晚婚。我在等,世上唯一契合灵魂。

——李宗盛

你强,强在你不爱我。我弱,弱在我爱你。

——木心

但是我并没有失去我的信仰:对于生活的信仰。

——巴金《激流》总序

才觉得改却三分少年气,转眼鬓丝白发添。

——《双烈记》

怯懦囚禁灵魂，希望还你自由。

——《肖申克的救赎》

我坚信，只要我心中有梦想，我就会与众不同。

——《当幸福来敲门》

说好一辈子就是一辈子，差一年，差一个月，差一个时辰，差一秒都不是一辈子。

——《霸王别姬》

在广袤的空间和无限的时间中，能与你共享同一颗行星和同一段时光是我的荣幸。

——卡尔·萨根

我当然不会试图摘月，我要月亮奔我而来。

——奥黛丽·赫本

海水梦悠悠，君愁我亦愁。南风知我意，吹梦到西洲。

——《西洲曲》

我漂泊了许多年，时间长得让我忘记了我还有灵魂。

——荣格

一川烟草,满城风絮,梅子黄时雨。

——贺铸

月缺不改光,剑折不改刚。

——梅尧臣

谁说现在是冬天呢?当你在我身旁时,我感到百花齐放、鸟唱蝉鸣。

永远不要把你今天可以做的事留到明天做，延宕是偷光阴的贼。抓住他吧！

——狄更斯

我不是天生的王者，但我的骨子里流着不让我低头的血液。

——《海贼王》

有时间琢磨怎么华丽地死去，不如漂亮地活到最后，不是吗？

——《银魂》

传说在北极的人因为天寒地冻，一开口说话就结成冰雪，对方听不见，只好回家慢慢烤来听。

——林清玄

月色溶溶夜，花阴寂寂春。

——《西厢记》

深蓝色的天空里悬着无数半明半昧的星。

我明白你会来,所以我等。

——《雨后》

心若没有栖息的地方,到哪里都是在流浪。

——三毛

你走,我不送你;你来,无论多大风多大雨,我要去接你。

——梁实秋《送行》

爱开玩笑而又要人不觉得刻薄,天知道是件多么不容易的事。

——毛姆

你的生命只有一次,还是有趣点好。

——加布里埃·香奈儿

溅血点作桃花扇,比着枝头分外鲜。

——《桃花扇》

有时落日泛起紫红的余晖,有时散发出橘红色的火光燃起天边的晚霞。在这绚烂的日落景象中,我慢慢领悟了父亲所说的整体胜于局部总和的道理。

——《怦然心动》

时光不留情,老了少年心。

——赵树理

一颗流星自有它来去的方向,我有我的去处。

——沈从文

无论你成为谁,无论你把自己变成什么,那就是你本来的样子。

——《你当像鸟飞往你的山》

人生海海,别留下遗憾。

——茅盾

青春活泼的心,决不作悲哀的留滞。

——巴金

我有一瓢酒,可以慰风尘。

——韦应物《简卢陟》

命运,不过是失败者无聊的自我安慰,不过是懦怯者的解嘲。

——茅盾

春天没有花，人生没有爱，那还成个什么世界。

——郭沫若

钟鼎山林都是梦，人间宠辱休惊，只消闲处遇平生。

——辛弃疾

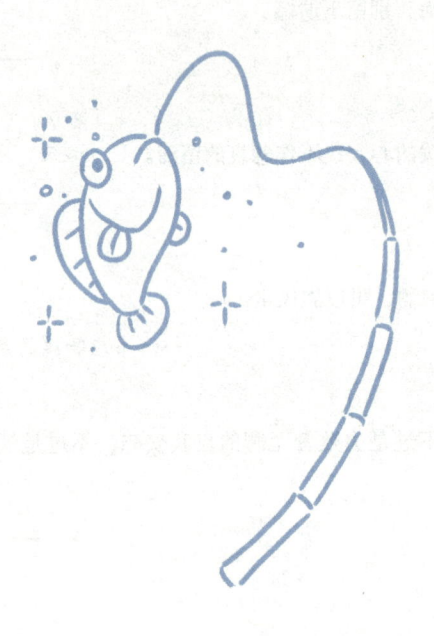

灯生阢遂火，尘散鲤鱼风。

我笑，便面如春花，定是能感动人的，任他是谁。

——三毛

世界上最快乐的事，莫过于为了理想而奋斗。

——苏格拉底

如烟往事俱忘却，心底无私天地宽。

——陶铸

如果是玫瑰，它总会开花的。

——歌德

时间是伟大的作者，她能写出未来的结局。

——卓别林

美，多少要包含一点偶然。

——汪曾祺

假如刮一阵风或滴几滴雨就阻止我去做这些轻而易举的事情，这样的懒惰还能为我给自己规划的未来做什么准备呢？

——夏洛蒂·勃朗特

从今以后,别再过你应该过的人生,去过你想过的人生吧!

——梭罗

总有一天,你会渐渐活出写满答案的人生。

——帕斯捷尔纳克

有皱纹的地方只表示微笑曾在那儿待过。

——马克·吐温

风吹过日历,像你的生气。

——周公度

只有直接从人们心灵上发生的思想,始值得永垂不朽。

——林语堂

她们不是超时代的,不是理想的,不是铁打的。

——丁玲

我一面佯装平静,一面想把卡片揣到兜里,然而不凑巧,我喜欢的围裙,上下没有一个兜。

——《情书》

人生有两出悲剧，一是万念俱灰，另一是踌躇满志。

——萧伯纳

巷子里的猫很自由，却没有归宿；围墙里的狗有归宿，却终身都要低头。

——林徽因

人生激越之处，在于永不停息地向前，背负悲凉，仍有勇气迎接朝阳。

——萧红

满纸荒唐言，一把辛酸泪。都云作者痴，谁解其中味？

——曹雪芹

如果没有自由，一切都是空想。

——《勇敢的心》

我们来到世界上，都是孤独的旅行，即使身边有人相伴，最终也会各奔东西！

——《熔炉》

你们一直抱怨这个地方，但是你们却没有勇气走出这里。

——《飞越疯人院》

我宁愿和你共度凡人短暂的一生,也不愿一个人看尽这世界的沧海桑田。

——《指环王》

我觉得生命是一份礼物,我不想浪费它,你不会知道下一手牌会是什么,要学会接受生活。

——《泰坦尼克号》

如果世界明天就毁灭,我会回顾那些有幸经历的快乐和惊喜,而不是为悲伤、流产或父亲的出走而喟叹。回忆开心时刻就足够了。

——奥黛丽·赫本

顽强的意志可以征服世界上任何一座山。

——狄更斯

正心以为本,修身以为基。

——司马光

或许有一天,人类变得畏缩懦弱,舍弃朋友,断绝友谊,但今天决不会这样。

——《指环王》

少羡慕别人，多坚持自己，人间正道是沧桑！

——《鸡毛飞上天》

如果记忆是一个罐头，我希望它永远不会过期。

——《重庆森林》

原来姹紫嫣红开遍，似这般都付与断井颓垣。

——《牡丹亭》

我的歌啊、它在这时辰像是蝴蝶、那轻松的心。

生命的意义远不止是生存,真正的技巧在于学会永远靠自己生活。

——《加勒比海盗》

我的心是七层塔檐上悬挂的风铃,叮咛叮咛咛,此起彼落,敲叩着一个人的名字。

——余光中

偶尔确实有这样的事,你爱上某人,当时却没有注意到,事后回想起来,却无迹可寻。

——威廉·特雷弗

平庸这东西犹如白衬衫上的污痕,一旦染上便永远洗不掉,无可挽回。

——村上春树

你微微地笑着,不同我说什么话,而我觉得,为了这个,我已等待得很久了。

——泰戈尔

成功的含义不在于得到什么,而是在于你从那个奋斗的起点走了多远。

——《心灵捕手》

自从我们相遇的那一刻,你是我白天黑夜不落的星。

——莱蒙托夫

你穿着绿色的雨衣,像一个药瓶子,里面是医我的药。

——张爱玲《倾城之恋》

还没分别,已在心里写信。

——木心

我本想约你见一见今夜的繁星的,但你迟迟不来,实在是星星的损失。

——汪曾祺

我夜坐听风,昼眠听雨,悟得月如何缺,天如何老。

——戴望舒《寂寞》

为了自己,我必须饶恕一些事。因为一个人,不能夜夜起身,在灵魂的园子里栽种荆棘。

——王尔德

如果我们再相见,事隔经年。我将何以贺你?以眼泪,以沉默。

——拜伦《春逝》

黄油饼是甜的,混着的眼泪是咸的,就像人生,交织着各种复杂而美好的味道。

——汪曾祺

秋日薄暮,用菊花煮竹叶青,人与海棠俱醉。

——林清玄

雪夜里,生暖炉,促足相依偎,静闻雪落无痕。

——沈复

春朝把芸苔煮了,晾在竹竿上,为夏天的粥。

——木心

我行走,一只脚踩在灰烬里,一只脚踩在时光的边缘。

——阿多尼斯

清早上火车站,长街黑暗无行人,卖豆浆的小店冒着热气。

——木心

我爱哭的时候便哭,想笑的时候便笑,只要这一切出于自然。我不求深刻,只求简单。

——《流星雨》

沉李浮瓜冰雪凉，竹方床，针线慵拈午梦长。

——李重元

有点风，月光照着软软的水波，当间那一溜儿反光，像新砑的银子，湖上的山只剩了淡淡的影子，山下偶尔有一两星灯火。

——朱自清《冬天》

如果神明肯听一听我的愿望，那么我想你晚安，愿你的梦里总有星星。

——余光中

原来夏已去，秋正尽，初冬方到，窗外的太阳已随风南倾了。

——丰子恺《初冬浴日漫感》

缀满银河的星辰，耀光点点，清晰可见，连一朵朵光亮的云彩，看起来也像粒粒银砂子，明澈极了，这是清澈得近乎悲戚的优美的声音，像是从什么地方传来的一种回响。

——川端康成《雪国》

一江秋水，依旧是澄蓝澈底。两岸的秋山，依旧在袅娜迎人。

——《烟影》

月色与雪色之间，你是第三种绝色。

——《绝色》

我向星辰下令，我停泊瞩望，我让自己登基，做风的君王。

——阿多尼斯

时光在不停地书写信件，但它用水署名。

——阿多尼斯

是微风、是晚霞、是心跳、是无可替代。

初见仓惊欢、久处亦怦然。

我们与万物同行，星辰指引方向，云与光铺展成大地的模样。

树木是话语,光在书写距离。

——阿多尼斯

你不会成为油灯,除非你把夜晚扛在肩上。

——阿多尼斯

坐在亭子里,觉山色皆来相就。

——汪曾祺

心之何如,有似万丈迷津,遥亘千里。其中并无舟子可渡人,除了自渡,他人爱莫能助。

——《送你一匹马》

浪漫,就是浪费时间慢慢吃饭,浪费时间慢慢喝茶,浪费时间慢慢走,浪费时间慢慢变老。

——《人间有味是清欢》

人生需要准备的,不是昂贵的茶,而是喝茶的心情。

——《品茶道,非常道》

小小的欢喜里有小小的忧伤,小小的别离中有小小的缠绵。

——《小米》

油灯旁边,父亲煮着决明子茶,芬芳的水汽在屋子里徘徊了一圈,才不舍地逸入窗外的雨景。

——《愿你,归来仍是少年》

生命的历程就像是写在水上的字,顺流而下,想回头寻找的时候总是失去了痕迹。

——《境明,千里皆明》

你没有如期归来,而这正是离别的意义。

——《白日梦》

挂在鹿角上的钟停了,生活是一次机会,仅仅一次,谁校对时间,谁就会突然衰老。

——《无题》

月亮周围没有一丝云,明净极了,让人担心没遮没拦的它,会突然掉到地上。

——《额尔古纳河右岸》

即使靠一支笔沦落于赤贫之中,我微弱而敏感的心灵,也已无法和文学分开。

——《独影自命》

那就折一些阔一点的荷叶,包一片月光回去,回去夹在唐诗里,扁扁的,像压过的相思。

——余光中《满月下》

我的青春是一场晦暗的风暴,星星点点,漏下明晃晃的阳光。

——波德莱尔

北部森林的秋天,就像一个脸皮薄的人,只要秋风多说了它几句,它就会沉下脸,抬腿就走。

——《额尔古纳河右岸》

我把黄昏等碎,等落霞,等繁星,等朝晖。

——《金粉世家》

星群，散落在河床上，像是细小的金沙。用夏夜的风，来淘洗吧！你会得到宇宙的光华。

——顾城

仲夏，烟火，梅子酒，沙丁鱼，樱花汇成的隧道，火车经过的小镇。夏天，我在想念你的味道。

——是枝裕和

无竹令人俗，无肉使人瘦，若要不俗也不瘦，餐餐笋煮肉。

——梁实秋

白衫蓝裙，不知名姓，黄昏好风景。

——《一把青》

从前书信很慢，车马很远，一生只够爱一人。

——木心

为了寻找你，我搬进鸟的眼睛，经常盯着路过的风。

——《路边野餐》

即使跌入深海，奇遇也会出现在抬头的瞬间。

——《深海》

你连指尖都泛出好看的颜色。

——《雪国》

你去追跑了的东西,就跟用手抓月光一样的,你以为用手抓住了,可仔细一看,手里是空的。

——《额尔古纳河右岸》

我做云,你做月亮。我用两只手遮盖你,我们的屋顶就是青碧的天空。

——《新月集》

一辈子很短,要么有趣,要么老去。

——《把日子过得有趣》

我喜欢夏日的永昼,我喜欢在多风的黄昏独坐在傍山的阳台上。小山谷里稻浪推涌,美好的稻香翻腾着。慢慢地,绚丽的云霞被浣净了,柔和的晚星一一就位。

——张晓风《我喜欢》

金色的夕阳,照得山头一片深紫。沙上却盖着直立的山影。潮水下去了,石子还是润明的。

——冰心

唯有你的光辉,像漫过山岭的薄雾,像和风从静谧的世界里带来的夜曲,像朗照溪水的月色扑面而来。

——雪莱

太阳快要坠落了。湖上的七十二峰,时而深蓝,时而嫩紫,时而笼在模糊的白霭里。

——郭沫若

朝来不知疲倦的雨,只是落,只是落;把人人都落得有点疲倦而厌烦了。

——《雨》

冬天的树,轻轻地,轻轻地呼吸着,树梢隐隐地起伏。冬天的树在静静地思索。

——《冬天的树》

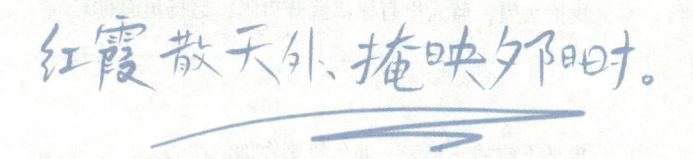

红霞散天外、掩映夕阳时。

你不觉得冬天其实有点儿凄凉吗？确实凄凉，但正是这份凄凉，才使得阳光尤其珍贵。

——《满满一打》

等到快日落的时候，微黄的阳光斜射在山腰上，那点薄雪好像忽然害了羞，微微露出点粉色。

——《济南的冬天》

让我花掉一整幅青春，用来寻你。

——《迷藏》

黑暗里想念焰彩，迷雾里思忖晴霞。

——徐志摩

那一天你来，就比如黑暗的前途见了光彩。

——《翡冷翠的一夜》

我抬头望，蓝天里有你，我开口唱，悠扬里有你。

——《云游》

我是天空的一片云，偶尔投影在你的波心。

——《偶然》

我的胸中积满了沙石,因此我所想望着的:只是旷野、高山和飞鸟。

——萧红

因为我在行走,我的棺材赶上了我。

——《风中的树叶》

仿佛你是在我的心上走动,一路撒播着星星和鲜花。

——古米廖夫

落日沉溺于橘色的海,晚风沦陷于赤诚的爱。

——《人民日报》

如果问我思念多重,不重的,像一座秋山的落叶。

——简嫃《私房书》

你这点才貌只够我病十九天。

——木心《眉目》

我一再对自己说时间是一条由过去、现在、将来、永恒和永不组成的无穷无尽的经线,没有什么东西比时间更难以捉摸的。

——《沙之书》

终于明白、有些路、只能一个人走。
那些邀约好同行的人、一起相伴雨季、走过年华、但有一天终究会在某个渡口离散。

山海自有归期，风雨自有相逢。

——《人民日报》

人生并非只有一处缤纷烂漫，那凋零的是花，不是春天。

——汪国真

野火在远方，远方在你琥珀色的眼睛里。

——舒婷《惠安女子》

人生一世，草生一春。来如风雨，去似微尘。

——《增广贤文》

风和日暖，令人永远愿意活下去。

——朱生豪

半天朱霞，粲然如焚，映着草地也有三分红意了。

——《画晴》

我原想收获一缕春风，你却给了我整个春天。

——汪国真

我的肩上是风，风上是闪烁的星群。

——北岛

沉浸温柔

2,200 次赞

胸中自有青山在，何必随人看桃花

共5K条评论

Chapter 3

沉浸温柔

抬起头在更热烈的风里相遇吧。

等待也是种信念，海的爱太深，时间太浅，秋天的夜凋零在漫天落叶里面，泛黄世界一点一点随风而渐远。

——海明威

雪压竹枝低，虽低不着泥。一朝红日出，依旧与天齐。

——朱元璋

木棉花开红了半空，凤凰树开花红了一城。

——郭小川

爱上一个人，就好像创造了一种信仰，侍奉着一个随时会陨落的神。

——博尔赫斯

你不一定非得长成玫瑰，你乐意的话，做茉莉，做雏菊，做无名小花，做千千万万。

——杨绛《走到人生边上》

爱过知情重，醉过知酒浓。

——梅艳芳《女人花》

日落跌入迢迢星野，人间忽晚，山河已秋。

——央视文案

鸟在我的头顶，静静地飞过，花也无声，淡淡地开着。

——黄锐

当夏季死时，所有的莲都殉情。

——余光中

我贴在地面步行、不在云端跳舞。

沉浸温柔

中国人身上有一种非常独特的品性,就是"温良",对待他人用情用心,这是中国人非常高贵的传统。

——辜鸿铭

温良,不是温顺,更不是懦弱。温良是一种力量,是一种同情和人类智慧的力量。

——辜鸿铭

当你刚刚迈步离我远去,我便慌忙计算起你的归期。

——珍黛妮·沙阿

这就是世界结束的方式,并非一声巨响,而是一阵呜咽。

——艾略特

友情在我过去的生活里就像一盏明灯,照彻了我的灵魂,使我的生存有了一点点的光彩。

——巴金

您本身就是一首美丽、动人的诗篇。

——丁玲

少年的悲哀,毕竟是易消的残雪。

——郁达夫

人生，你是一支曲子，我是唱歌的。

——林徽因

凌晨四点钟，看到海棠花未眠。

——川端康成

待我成尘时，你将见我的微笑。

——鲁迅

当你在我身边的时候，黑夜也变成了清新的早晨。

——莎士比亚《暴风雨》

你最可爱，我说时来不及思索，但思索之后，还是这样说。

——普希金

你在花里，如花在风中。

——汪曾祺

仅仅活着是不够的，还需要有阳光、自由和一点花的芬芳。

——安徒生

忍让是浪漫的卑躬屈膝。

——芥川龙之介

在人生的道路上,每个人都是孤独的旅客。

——季羡林

一星陨落,黯淡不了星空灿烂。一花凋落,荒芜不了整个春天。

云只开一个晴日，虹只驾一个黄昏，莲只红一个夏季，为你。

——余光中《诀》

有人住高楼，有人在深沟，有人光万丈，有人一身锈，世人千万种，浮云莫去求，斯人若彩虹，遇上方知有。

——《怦然心动》

遇见你，我记得你，这座城市天生就适合恋爱，你天生就适合我的灵魂。

——杜拉斯

没有无私的自我牺牲的母爱的帮助，孩子的心灵将是一片荒漠。

——狄更斯

你的心敞向八方人人可入，我却只会进不会出。

——里尔克

星来星去，宇宙运行，春秋代序，人死人生，太阳无量数，太空无限大，我们只是倏忽渺小的夏虫井蛙。

——戴望舒

愿我如星君如月,夜夜流光相皎洁。

——范成大《车遥遥篇》

人散后,一钩淡月天如水。

——谢逸《千岁秋·咏夏景》

山茶花开映宿馆,住了一馆又一馆。

——松尾芭蕉

眼睛为她下着雨,心却为她打着伞,这就是爱情。

——泰戈尔

一定要爱着点什么,恰似草木对光阴的钟情。

——汪曾祺

月光还是少年的月光,九州一色还是李白的霜。

——余光中

爸爸的花儿落了,我也不再是小孩子。

——林海音《城南旧事》

在石榴花丛中,那里有光,有酒,有石榴花。

——鲁米《在春天走进果园》

偏偏是你的薄情，使我回味无穷。

——木心

在我荒凉的土地上，你是最后的玫瑰。

——聂鲁达

我的心是旷野的鸟，在你的眼睛里找到了它的天空。

——泰戈尔

夕阳西下，清晰的轮廓消失了，寂静像雾霭一般袅袅上升、弥漫扩散，风停树静，整个世界松弛地摇晃着躺下来安睡了。

——伍尔芙《到灯塔去》

你要爱荒野上的风声，胜过爱贫穷和思考；暮冬时烤雪，迟夏写长信，早春不过一棵树。

——唐映枫

望着窗外，只要想起一生中后悔的事，梅花便落满了南山。

——张枣《镜中》

它是蒙蒙雨丝，是倾盆大雨，是清丽喷泉。

——《漫长的雨》

风,没有衣裳;时间,没有居所;它们是拥有全世界的两个穷人。

——阿多尼斯

你尽可注视别人的脸,但请信任我这颗心。

——普希金

在人世间的爱里,我已经见过你了。

——泰戈尔

所有的离别,都是我在练习失去你。

——《想见你》

我已记不得你的名字,却还记得喜欢你。

——《你的名字》

我把这个力量借给你吧,每当太阳东升西落,心灵的伤痛便会一点点愈合,一点点遗忘,这就是忘却的力量。

——《元气少女缘结神》

山风那么轻柔,这些静谧轻缓的气流简直不该被叫作风,它们更像是大自然的呼吸,在所有生灵耳旁轻声抚慰。

——《夏日走过山间》

"知道为什么亲吻的时候要闭着双眼吗?"

"因为他们彼此都太耀眼。"

——歌德

我行过许多地方的桥,看过许多次数的云,喝过许多种类的酒,却只爱过一个正当最好年龄的人。

——沈从文

满地都是六便士,他却抬头看见了月亮。

——毛姆《月亮与六便士》

你不是一只鸟、一棵小草,你是一个人,人是大自然最光辉的杰作,地球上最顽强的生命!

——霍达

寻了半生的春天,你一笑便是了。

——钱锺书

流着泪,月亮说,我想成为一个橘子。

——洛尔迦《两个傍晚的月亮》

花店不开了,花继续开。

——蔡仁伟

真正的平静，不是避开车马的喧嚣，而是在心中修篱种菊。

——林徽因

"月遇从云，花遇和风，今晚上的夜空很美。"
"我又想你。"

——太宰治

浊酒一杯天过午，木香花湿雨沉沉。

——汪曾祺

一花一世界、一叶一追寻、一曲一场叹、一生为一人。

你徘徊到我的窗边,寻不到昔日的芬芳,你惆怅地哭泣到花间。

——戴望舒

你不在的世界里,我无法找到任何意义。

——《追逐繁星的孩子》

隐约雷鸣,阴霾天空。但盼风雨来,能留你在此。

——《言叶之庭》

我于荒颓中睁眼,亦从灰烬里重燃。

——《老人与海》

要求于人的甚少,给予人的甚多,这就是松树的风格。

——陶铸

紫罗兰把它的香气留在那踩扁了它的脚踝上,这就是宽恕。

——马克·吐温

经验是生活的肥料,有什么样的经验便变成什么样的人,在沙漠里养不出牡丹来。

——老舍

你明知道，我知道你知道。

——徐志摩《我等候你》

世界上有那么多的城镇，城镇中有那么多的酒馆，她却偏偏走进了我的酒馆。

——《卡萨布兰卡》

世界以痛吻我，让我报之以歌。

——泰戈尔《飞鸟集》

他日掠过深浅，访遍镜底桃园，途径顽世风烟，替彼此拂一拂肩。

——谷琦润一郎《细雪》

远方有一堆篝火，在为久候之人燃烧。

——《圣诞快乐，劳伦斯先生》

我寄你的信，总要送往邮局，不喜欢放在街边的绿色邮筒中，我总疑心那里会慢一点。

——鲁迅《两地书》

草在结它的种子，风在摇它的叶子。

——顾城《门前》

沉浸温柔

每个人都争取一个完满的人生。然而,自古及今,海内海外,一个百分之百完满的人生是没有的。所以我说,不完满才是人生。

只要一个人开始提问,他的智慧就开始觉醒了。

杏黄色的月亮在天边努力地爬行着,企望着攀登树梢,有着孩童般的可爱神情。

Today 下午 14:22

岸上疏灯如倦眼，中天月色似怀人。

——汪曾祺

但愿你的一切烦恼都是小事故。

——张爱玲

你是一树一树的花开，是燕在梁间呢喃。你是爱，是暖，是希望，你是人间的四月天。

——林徽因

如果没有那么多的欲望，下午大概会是蓝色的。

——安德拉德《七面诗》

我们都生活在阴沟里，但仍有人仰望星空。

——王尔德

红尘陌上，独自行走，绿萝拂过衣襟，青云打湿诺言。山和水可以两两相忘，日与月可以毫无瓜葛。

——林徽因

记得杏花春雨的江南，雨点敲打着船篷，雨中也有梨花的幽香。

——季薇《雨的抒情》

惊觉相思不露，原来只因已入骨。

——汤显祖《牡丹亭》

玄虚的学识呵，你也就要暗淡、死亡，在智慧的永恒的太阳面前。

——普希金

君臣一梦，今古空名。但远山长，云山乱，晓山青。

——苏轼

世界让我遍体鳞伤，但伤口长出的却是翅膀。

——阿多尼斯

我们趋行在人生这个亘古的旅途，在坎坷中奔跑，在挫折里涅槃，忧愁缠满全身，痛苦飘洒一地。

——加西亚·马尔克斯《百年孤独》

记忆是相聚的一种形式，遗忘是自由的一种方式。

——纪伯伦《沙与沫》

烟火的确带来了很多欢乐，像彩虹一样，点缀了这年长的一代人的生活。

——巴金《家》

因为爱过,所以慈悲;因为懂得,所以宽容。

——张爱玲

对心灵如水,既柔顺又稳重,既驯服又坚强,可弯而不可折的人,我会永远温柔和真诚。

——夏洛蒂·勃朗特

滴不尽相思血泪抛红豆,开不完春柳春花满画楼,睡不稳纱窗风雨黄昏后,忘不了新愁与旧愁。

——曹雪芹

即将消亡的美好世界有两个刀口,一个是悲之刀口,另一个是喜之刀口,共同把心脏一分为二。

——伍尔芙《一间自己的房间》

宝贵的光阴,总是像箭一样地飞逝着。

——狄更斯

早晨醒来时,特别想在床上躺一整天读书。

——雷蒙德·卡佛

一切过去了的都会变成亲切的怀念。

——普希金

他们从风雨中走来，倒在泥泞中，后来的人踏着他们走过的路，奔赴黎明。

——《觉醒年代》

那你们知道什么是爱吗？爱，是一种高尚的情感，为被爱者的幸福付出生命代价的愿望。

——《魁拔》

小草呀，你的足步虽小，但是你拥有足下的土地。

——《飞鸟集》

这个世界，腐败，疯狂，没人性，你却清醒，温柔，一尘不染。

——萨冈

你是我半截的诗，不许别人更改一个字。

——海子《半截的诗》

世界在旋转，我们跌跌撞撞前进，这就够了。

——科伦·麦凯恩

东风里，掠过我脸边，星呀星的细雨，是春天的绒毛呢！

——朱自清《细雨》

世间草木皆美，人不是。中药很苦，你也是。

——冯唐《中药》

春天撞上南墙，寺院的墙，一日西藏，半世敦煌。

——张子选

人间烟火，山河远阔，无一是你，无一不是你。

——《江海共余生》

慢慢又漫漫，漫漫亦灿灿。

——《上李》

住世而不沾黏于世，承苦而不怨怼于苦，迎接喜悦而不执着于喜。

——简媜《我为你撒下月光》

不必对全世界失望，百步之内，必有芳草。

——亦舒《花解语》

一个世界有你，一个世界没有你。让两者的不同最大，就是你一生的意义。

——李开复《世界因你而不同》

晴秋上午，随便走走，不一定要快乐。

——木心

一条路并不因为它路边长满荆棘而丧失其美丽，旅行者照旧前行，让那些讨厌的荆棘留在那里枯死吧！

——司汤达

只要春天不死、就会有迎春的花朵年年盛开放。

在黑白里温柔地爱彩色，在彩色里朝圣黑白。

——汪曾祺

也许，思念可以超越时间与距离。

——《星之声》

宠辱不惊，看庭前花开花落。去留无意，望天上云卷云舒。

——洪应明

此时情绪此时天，无事小神仙。

——周邦彦

蜘蛛停下工作，看了一会儿日出。

——阿巴斯

路旁的狗打了个长长的哈欠，我也学它的样，因为羡慕的缘故。

——石川啄木《从前的我也很可爱啊》

无论天空如何阴霾，太阳一直都在，不在这里，就在那里。

——丁立梅

独坐水亭风满袖,世间清景是微凉。

——寇准《微凉》

鹤闲临水久,蜂懒采花疏。

——林逋《小隐自题》

闲来无事不从容,睡觉东窗日已红。

——程颢《秋日偶成》

行到水穷处,坐看云起时。

——王维《终南别业》

闲上山来看野水,忽于水底见青山。

——翁卷《野望》

在这不温不火的清晨时刻,在沙漏和枯叶之间,我不想同精神打交道,我要的是无常,我想做孩子和花。

——赫尔曼·黑塞《温泉疗养客》

舟窗尽落,清风徐来,纨扇罗衫,剖瓜解暑。少焉霞映桥红,烟笼柳暗,银蟾欲上,渔火满江矣。

——沈复《浮生六记》

家人闲坐，灯火可亲。

借我一个暮年，借我碎片，借我瞻前与顾后，借我执拗如少年。

——樊小纯

我如何能够把你比作夏天？你比它可爱，也比它温婉。

——莎士比亚

唯有眼泪是世界性的。

——扎加耶夫斯基《地球》

明天的渺茫全仗昨天的实在撑持着，新梦是旧事的拆洗缝补。

——老舍《我从未如此眷恋人间》

在这个世界上，每个人的心里都有月亮埋葬，只是自己不知罢了。

——林清玄《月到天心》

带眼睛去看海、看雨，看黑夜里的月亮与星，甚至连巷口的梧桐树也不放过。一朵花就算枯萎也尽收眼底，等我喂饱了眼睛，我的灵魂便重新苏醒。

——野川《唤醒》

沉浸温柔

且听风吟,静待花开。

——村上春树《且听风吟》

假如我是影子,我不愿意只一半。

——《海边的卡夫卡》

访你,于有雾的春晨。

——简媜《水问》

你所在之处,是我不得不思念的天涯海角。

——简媜《海角天涯》

水希冀化成云,云渴望回到水,大约只是为了念旧。

——简媜《水问》

灰烬表明那曾经是火。

——狄金森

堂皇转眼凋零,喧腾是短命的别名。

——余秋雨《文化苦旅》

多少人以友谊的名义,爱着一个人。

——《一天》

徒手摘星，即使徒劳无功，亦不至满手污泥。

——李奥·贝纳

如果想表达款款柔情，只要在崎岖不平的土地上，加上一抹轻柔的绿色，就够了。

——《梵高手稿》

> 你还好吗？我觉得我已经烧光了，像落山的太阳。

仿佛一百四十个太阳,把西天烧得通红滚烫。夏天滚进了七月。天气炎热难当。

——《夏日在别墅中的奇遇》

午后的阳光是一种黄澄澄的幸福。

——余光中

天空澄碧,山谷青苍,小小的铃兰花儿怒放。

——赫尔蒂

一小队太阳,沿着篱笆走来,天蓝色的花瓣,开始弯曲。

——顾城

立冬,大地被冻得发白,人们穿上厚厚的棉服,踏着尘土飞扬的路,努力挣扎着活下去。

——《活着》

冬天是温暖而寡言的季节,它用无尽的白色包裹大地,使万物似乎进入了一个梦幻般的世界。

——《冬天花火》

我们悠长叹息,使雏菊倾倒,我们枕着青草吻抱。

——济慈

吹笛者倚着窗牖,而窗口大朵郁金香,此刻你若不爱我,我也不会在意。

——茨维塔耶娃

杂色的雏菊,蓝的紫罗兰,美人杉纯然的银白,花蕾焦黄的一片,把草原涂得令人愉快。

——莎士比亚

这次我离开你,是风,是雨,是夜晚;你笑了笑,我摆一摆手,一条寂寞的路便展向两头了。

——郑愁予《赋别》

天不老,情难绝。心似双丝网,中有千千结。

——张先《千秋岁》

黄昏庭院柳啼鸦,记得那人,和月折梨花。

——陈亮《虞美人》

爱你所爱,行你所行,听从你心,无问西东。

——《无问西东》

我预见了所有悲伤,但我依然愿意前往。

——《降临》

那是很久以前,就像你不能说出,林中的风和泥土的信纸。

——吕德安《吉他曲》

明月楼高休独倚,酒入愁肠,化作相思泪。

——范仲淹《苏幕遮》

金色的波浪,白日的海滩,刚好构成早晨的天空。

——艾米莉·狄金森《日落日出》

希望你在风声很大的夜晚睡个好觉,清晨我们去看刮得干干净净的院子。

——刘亮程

与海为邻,住在无尽蓝的隔壁,却无壁可隔,一无所有却拥有一切。

——《与海为邻》

在我和世界之间,你是海湾,是帆,是缆绳忠实的两端。

——《一束》

一样的海啊,一样的山,你有你的孤傲,我有我的深蓝。

——陈敬容《山和海》

我想作诗、写雨、写夜的相思、写你、写不出。

沉浸温柔

八月的太阳晒得黄黄的，谁说这世界不是黄金？
　　　　　　　　　　　　——徐志摩《八月的太阳》

我亦可贪恋烟火，殷实人家，几间瓦房，四方小院，守着流年，幸福安康。
　　　　　　　　　　　　　　　　　　　　——白落梅

我想和你一起生活，在某个小镇，共享无尽的黄昏和绵绵不绝的钟声。
　　　　　　　　　　　　　　　　　　——茨维塔耶娃

你留在夏天吧，我将跳进落叶纷纷的秋。
　　　　　　　　　　　　　　　　　　　　——曹韵

双颊涂的淡胭脂下面忽然晕出红来，像纸上沁的油渍，顷刻布到满脸，腼腆得迷人。
　　　　　　　　　　　　　　　　　　　　——钱锺书

秋天，无论在什么地方的秋天，总是好的。
　　　　　　　　　　　　　　　　　　　　——郁达夫

最是那一低头的温柔，像一朵水莲花不胜凉风的娇羞。
　　　　　　　　　　　　　　　　　　　　——徐志摩

太阳在微波上跳舞,好像不停不息的小梭在织着金色的花毡。

——泰戈尔

烦恼就像默不作声的蜘蛛,在暗地拉丝结网,爬过她的心的每个角落。

——福楼拜

像每一滴酒回不了最初的葡萄,我回不到年少。

——简媜

如果你看向我,我会温柔地消融,像火山上的雪。

——米亚·科托

我知道离日出的时间还很遥远,但这世间总有一次日出是为我而跃升的吧,为了不愿错过,这雪夜再怎么冷,我也必须现在就启程。

——简媜

他感觉自己的心脏,像尺寸最小的地球仪,在她指端微小的触碰下开始旋转。

——周晓枫

我怀里所有温暖的空气,变成风也不敢和你相遇。

——《背影》

明知没意义,却无法不执着的事物,谁都有这样的存在。

——《单恋》

黑暗的冬天,比夏天的永昼更吸引人的,是对阳光的期待。

——星野道夫《在漫长的旅途中》

我无法搬动岁月,你披着一身的月光,停泊在秋天里。

——莎玛雪茵《我在这里》

旭日用光焰赶走了黑暗,夕阳用余辉映红了晚霞。

——《生命随想曲》

微阳下乔木,远色隐秋山。

——马戴《落日怅望》

鱼说:"你看不见我眼中的泪,因为我在水中。"
水说:"我能感觉得到你的泪,因为你在我心中。"

——泰戈尔

当我说出"你"这个字时,我的意思是,一百个宇宙。

——鲁米《萨拉丁之死》

万物与我都是荒诞的静寂,此时我想你。

——《佩索阿情诗》

你是往事的遗书,是日落的余情未了,是路人脚下不停生长的风。

沉浸温柔

和你一同笑过的人,你可能把他忘掉,但是和你一同哭过的人,你却永远不忘。

——纪伯伦

不要在任何东西面前失去自我,哪怕是教条,哪怕是别人的目光,哪怕是爱情。

——《成为简·奥斯汀》

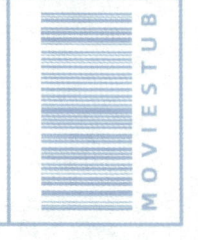

人总是在接近幸福时倍感幸福,在幸福进行时却患得患失。

——张爱玲

Chapter 4

独清独醒

黑夜无论怎样悠长,白昼总会到来。

爱自己，是终身浪漫的开始。

——王尔德

我见过的人越多，我就越喜欢狗。

——萧伯纳

将来若有人愿意保护你，就剪掉身上的刺吧。
所谓青春，就是心理的年轻。

——松下幸之助

乐观的人永葆青春。

——拜伦

仇恨终将泯灭，友谊万古长青。

——西塞罗

人之所以伤心，是因为看得不够远。

——林语堂

没有不可治愈的伤痛，没有不能结束的沉沦。所有失去的，都会以另一种方式归来。

——约翰·肖尔斯

心软和不好意思,只会杀死自己。
理性的薄情和无情,才是生存利器。

——毛姆

从容不迫的举止,比起咄咄逼人的态度,更能令人心折。

——三毛

应该变成竟然,当然变成居然,一切都在打破,一切又在重建。

——《南方周末》

如果你不开心,
就抬头看看天空吧。
它那么大、能包容你所有的委屈。

青年！你们背上的担子是一天重似一天，你们的生命之火应向改造社会那条路上燃烧，决不可向虚幻的享乐道上燃烧。

——茅盾

眼泪是悲哀的解药，会淌眼泪的人一定是懂得这句话的意义的！

——茅盾

骄傲自满是我们的一座可怕的陷阱，而且，这个陷阱是我们自己亲手挖掘的。

——老舍

人不光得活着，还得往好里活，活得好，好好活着，活得不害怕。

——梅兰芳

生命诚可贵，爱情价更高。若为自由故，两者皆可抛。

——裴多菲

真正美丽的人是不多施脂粉，不乱穿衣服。

——老舍

流言之所以被诉说得那么动听，旁听者同样功不可没。
——史蒂芬·金《睡美人》

你对人人都喜欢，也就是说，你对人人都漠然。
——王尔德《道林·格雷的画像》

无论你如何隐藏，想要挽留青春的纯真，岁月还是会无情地在你脸上留下年轮的印记与风霜。
——林徽因

有的人只能陪你看花，有的人能让花只为你开。
爱所有人，信任少数人，不负任何人。
——莎士比亚

老师教给我，要学骆驼，沉得住气看它从不着急慢慢地走、慢慢地嚼、总会走到的、总会吃饱的。

独清独醒

幸福就是一双鞋，合不合适只有自己一个人知道。

——大仲马

不要因为走得太远，忘了我们为什么出发。

——纪伯伦

一个人要从远处回，从高处下，从深处出。

——木心《文学回忆录》

谁若游戏人生，他就一事无成；谁不能主宰自己，便永远是一个奴隶。

——歌德

那天晚上，月光才是你的真正情人。

——莫泊桑

才华是刀刃，辛苦是磨刀石，再锋利的刀刃，若日久不磨，也会生锈。

——老舍

好东西不用你去记，它自会留下很深的印象。

——钱锺书

从来如此,便对么?

——鲁迅《狂人日记》

较之希望得到什么,我们更多是同"能够"得到什么达成妥协。

——《罗生门》

在别人藐视的事情中获得成功,是一件了不起的事,因为它证明不但战胜了自己还战胜了别人。

——蒙特兰

阿司匹林、创可贴,只能缓解一时之痛。

——史蒂芬·柯维

温柔要有,但不是妥协,我们要在安静中,不慌不忙地坚强。

——林徽因

不遇阴雨后,岂知明月好。

——孙枝蔚

醉后不知天在水,满船清梦压星河。

——唐琪《题龙阳县青草湖》

大知闲闲，小知间间。

——庄子

纵化大浪中，不喜亦不惧。

——陶渊明

爱情的故事永远是平凡的，正如春雨秋霜那样平凡。

——老舍《我这一辈子》

即使在"说谎成风"的时期,人对自己也不会讲假话,何况在今天?

——巴金《小狗包弟》

每个人心里都有一团火,路过的人只看到了烟。

——梵高

以"淡"字交友,以"聋"字止谤,以"刻"字责己。

——李叔同

即便是太阳自己,也只能照亮愿意接受光明的事物。

——阿多尼斯

我年轻时以为金钱至上,而今年事已迈,发现果真如此。

——王尔德

贪安稳就没有自由,要自由就要历些危险,只有这两条路。

——鲁迅

安静的人,心里最是波涛起伏。

——霍金

站在痛苦之外规劝受苦的人,是件很容易的事。
——《被缚的普罗米修斯》

我始终相信,身体不过是装饰,唯有灵魂可以自由带走,不需要给任何人交代。
——林徽因

抛弃今天的人,不会有明天;而昨天,不过是行云流水。
——约翰·洛克

你担心什么,什么就控制你。
——约翰·洛克

在爱情的事上如果你考虑起自尊心来,那只能有一个原因:实际上你还是最爱自己。
——毛姆

经历是一面镜子,学习它,你能清楚地看到往事。
——易卜生

伯爵刚才不是告诉我们了吗?人类的全部智慧就包含在这五个字里面:等待和希望。
——《基督山伯爵》

要想成为强者，就不要回避心里的恐惧,恐惧并不是弱点。强者,是要让你的敌人比你更恐惧。

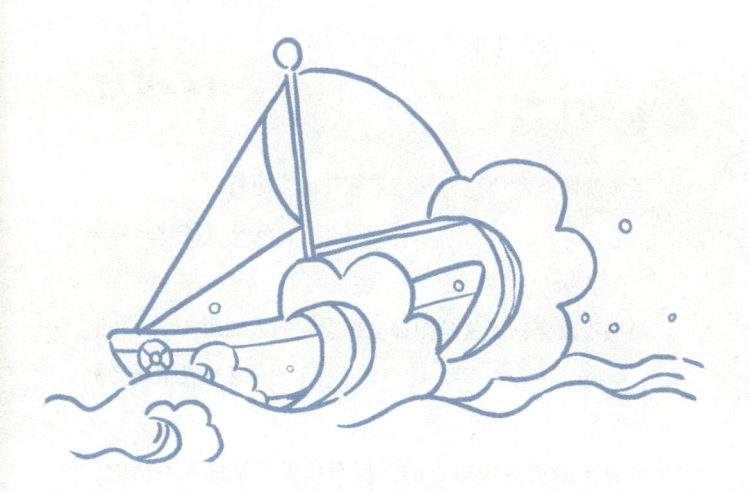

当我们真正热爱这世界时,我们才真正生活在这世上。

——泰戈尔

我越是孤独,越是没有朋友,越是没有支持,我就得越尊重我自己。

——夏洛蒂·勃朗特

假如你避免不了,就得去忍受。不能忍受生命中注定要忍受的事情,就是软弱和愚蠢的表现。

——《简·爱》

天才在问题发生前就已经找到答案。

——《美丽心灵》

生命就像一盒巧克力,结果往往出人意料。

——《阿甘正传》

如果我放弃,那就是向那些错看我的人屈服。

——《叫我第一名》

世界上最美丽最珍贵的,反而是听不见且看不清的,只有用心才能感受得到。

——《熔炉》

沾沾自喜者只管自喜就是，但就别人说三道四则属多管闲事。

——《罗生门》

愉快的笑声，是精神健康的可靠标志。

——契诃夫

只有流过血的手指，才能弹出世间的绝唱。

——泰戈尔

不傲才以骄人，不以宠而作威。

——诸葛亮

世界上能为别人减轻负担的都不是庸庸碌碌之徒。

——狄更斯

世界是个回音谷，念念不忘必有回响，你大声喊唱，山谷雷鸣，音传千里，一叠一叠，一浪一浪，彼岸世界都收到了。

——李叔同

凡人必常常生活于趣味之中，生活才有价值。

——梁启超

人人都想要结果，但有时经过就是结果。

——董卿

我想写一出最悲的悲剧，里面充满了无耻的笑声。

——老舍

我不知何为君子，但每件事肯吃亏的便是；我不知何为小人，但每件事好占便宜的便是。

——李叔同

如果没有希望在前面诱惑着人，人也许就没有前进的勇气了。

——霍达

希望是附丽于存在的，有存在，便有希望，有希望，便是光明。

——鲁迅

一时强弱在于力，千秋胜负在于理。

——曹禺

总之希望还是有的。希望在自己，并不在别人。

——巴金《家》

在世间，本就是各人下雪，各人有各人的隐晦和皎洁。

——今山事

一束光照进铁塔，铁塔内肮脏龌龊被显现。于是，这束光便有了罪。

——尼采

极细小的一件事可以成全你，也可以败坏你。

——莫泊桑《项链》

我来到这个世界,为了看看太阳和蓝色的地平线。

——北岛

生活不是上帝的诗篇,而是凡人的欢笑和眼泪。

——迟子建

我们听到的一切都是一个观点,
不是事实;
我们看见的一切都是一个视角,
不是真相。

做学问的功夫,是细嚼慢咽的功夫。好比吃饭一样,要嚼得烂,方好消化,才会对人体有益。

——陶铸

黑夜无论怎样悠长,白昼总会到来。

——莎士比亚《麦克白》

时间就像海绵里的水,只要愿挤,总还是有的。

——鲁迅

一个人知道自己为什么而活,就可以忍受任何一种生活。

——尼采

等青春轻飘的烟雾把少年的欢乐袅袅曳去,之后,我们就能取得一切值得吸取的东西。

——普希金

阅读是一座随身携带的避难所。

——毛姆

我今日所做的事远比我往日的所作所为更好,更好;我今日将享受的安息远比我所知的一切更好,更好。

——《双城记》

人生不就是这个调子吗?既凄凉,又甜蜜。

——曹禺

狮子饿了的时候,它便会吼起来。

——巴金《狮子》

金钱能使卑下的人身败名裂,而使高尚的人胆壮心雄。

——林语堂

幸福不是月下吟酒,花前吟诗,而是在猛烈的暴风雨中作勇敢的搏击。

——丁玲

若爱,请深爱,如弃,请彻底。

——柏拉图

心存敬畏,方能行有所止。

——曾国藩

梦想不一定会实现,也不是坚持就可以实现,但是,我觉得没有白做的梦,一个也没有。

——《四重奏》

生活里 80% 的痛苦来自于上班,但如果不上班,就会有 100% 的痛苦来自于没钱。

——帕特里克·莫迪亚诺

这就是生活啊,让你想想忍不住想哭,想想又忍不住想笑。

——曹禺

走人生的路程就像爬山一样,看起来走了许多冤枉的路,崎岖的路,但最终会到达山顶。

——《城南旧事》

愤怒之气就像一把双刃剑,不仅会伤到别人,也会刺伤自己。所以,切不可为一时的情绪宣泄而不加控制,导致事后的追悔莫及。

——李叔同

金钱的魔力实在不小,它已经吃遍了全世界的穷人。

——郭沫若《金钱的魔力》

人生这道选择题,怎么选都会有遗憾。但请你记住,无论怎么选:谋爱前先谋生,爱人前先爱己。

——林徽因

如果你恋爱,一心去恋爱。

——巴金《家》

一面抚摸小猫的脑袋,一面喝下冰凉的啤酒,也是人生的一大幸事呢。

——村上春树

社会资源永远是有限的,好东西要靠抢。只有弱者才会坐等分配。

——利弗莫尔

以舍为有,则不贪;以忙为乐,则不苦;以勤为富,则不贫;以忍为力,则不惧。

——李叔同

人类之所以进步,主要原因是下一代不听上一代的话。

——毛姆

逆境顺境看襟度,临喜临悲看涵养。

——李叔同

每个人的人生都是旅程,只是所走的路径不同,所选择的方向不同,所付出的情感不同,而所发生的故事亦不同。

——林徽因

要自爱,不要把你全身心的爱,灵魂和力量,作为礼物慷慨给予,浪费在不需要和受轻视的地方。

——《简·爱》

金钱可以是许多东西的外壳,却不是里面的果实。

——易卜生

暴力不是消除仇恨的最好办法——同样,报复也绝对医治不了伤害。

——《简·爱》

没有思想,再漂亮的语句也全无用处。

——普希金

世事洞明皆学问,人情练达即文章。

——《红楼梦》

永远不要说永远,总有东西要去尝试。

——《放牛班的春天》

要想别人听你说话,拍拍他的肩膀是不够的,必须给予他震撼。

——《七宗罪》

爱,就是没有理由的心疼和不设前提的宽容。

——周国平

以冰霜之操自励，则品日清高；以穹隆之量容人，则德日广大。

——李叔同

一切好事都包含有一些懒散的成分，就像奶牛躺在铺满阳光的草地上。

——尼采

她对人简单、要么给糖、要么给刀子。

为自己悲哀和为别人悲哀是一样的事。

——戴望舒《独自的时候》

太理所当然的幸福让我们麻木,进而使我们错误地认为它已经消失了,但其实幸福一直都在。

——《素媛》

一件善举,并不能补偿一个人作恶一世犯下的罪行。

——《加勒比海盗》

若以书而论,每本书都会变成你自己的房间,给你一个庇护,让你安静下来。

——伍尔芙《一间自己的房间》

成功好比一张梯子,"机会"是梯子两侧的长柱,"能力"是插在两个长柱之间的横木,只有长柱没有横木,梯子没有用处。

——狄更斯

人之谤我也,与其能辩,不如能容。
人之侮我也,与其能防,不如能化。

——李叔同

孤独之于我就像是食物跟水,一天不独处,我就会变得虚弱。我不以孤独为荣,但以此为生。

——查尔斯·布考斯基

善良的人在追求中纵然迷惘,却终将意识到有一条正途。

——《浮士德》

在最黑暗的那段人生,是我自己把自己拉出深渊。没有那个人我就做那个人。

——中岛美嘉

生活是苦难的,我又划着我的断桨出发了。

——博尔赫斯

我们尚年轻,长长的人生可以受一点风浪。

——三毛《稻草人手记》

我独处时迷人,交际时乏味。

——王尔德

生活不可能像你想象的那么好,但也不会像你想象的那么糟。人的脆弱和坚强都超乎自己的想象。

——莫泊桑《羊脂球》

与其期盼着你的下一个假期什么时候来临,不如开始一种你不需要逃避的生活。

——塞恩·戈丁

那些在当下发生时你以为毫无意义的时刻,往往到头来成为你人生一整段时期的印记。

——安迪·沃霍尔

人性的确如此,既轻信又爱怀疑,说它软弱它又很顽固,自己打不定主意,为别人做事却又很有决断。

——萨克雷

生活给了我一切。所有的人都从生活中得到了一切,但是大多数人自己却不知道。

——博尔赫斯

好运只是个副产品,只有当你不带任何私心杂念单纯地去做事情时,它才会降临。

高级的感情,最终形成精神和意识;低级的感情,只能沦为脾气和情绪。

——庆山

我是个百依百顺的孩子,至死不变,但只顺从我自己。

——萨特

只要你是天鹅蛋,就是生在养鸡场里也没什么关系。

——安徒生

河水这一成不变的运动,比大西洋的惊涛骇浪更可怕。

——《在河上》

生活真是古怪多变!只需小小一点东西,就足以使你断送一切,或者使你绝处逢生。

——《项链》

彗星的光芒不会永远那么耀眼,世界上的一切都会衰老。

——《蛋糕》

熊熊燃烧着的烈火,本身是不知道自己正在燃烧的。觉得自己正在燃烧的时候,往往还没有真正燃烧起来。

——《山月记》

哭着吃过饭的人,是能够走下去的。

——《四重奏》

不要像旅鼠一样盲目地跟随群众跳下悬崖。我们要独立思考、突破自我,找到生命中属于自己的意义!

——《死亡诗社》

世事不能说死,有些事情总值得尝试。永不轻言放弃,前方总有希望在等待。

——《放牛班的春天》

我离开是因为生活像勒紧的衬衫领,让我感到窒息。

——《在西伯利亚森林中》

做自己的光,不需要太亮,足以挨过寒冬和黑夜就好。

——《深海》

意义总是难以追寻的,是我们相遇过,奋力呐喊着,却吼不破命运的壳。

——新海诚《铃芽之旅》

坦白是诚实和勇敢的产物。

——马克·吐温

乞丐没有权利挑三拣四,我已亭亭,无忧亦无惧。

——《傲慢与偏见》

我只相信我自己,因为无论发生什么事,到最后都只是剩下你自己。

——《过春天》

忘记出生时的痛苦,是宇宙赐予我们的伟大礼物之一。

——《心灵奇旅》

火花不是生活目标。当你想要生活的那一刻,火花就已经被点燃。

——《心灵奇旅》

陆地对我来说是一艘太大的船,它是一段我不知道怎么演奏的音乐。

——《海上钢琴师》

未来的变数太多,而我能做的,就是走好这一步。

——《秦时明月》

每一个引得观众发笑的人物,都有一个悲情的内核。

——《刺客五六七》

什么是生活?
生活,就是昂首前瞻。

人的身体可以被囚禁,
人的心却不可以。

Chapter 5

知止常止

爱过，写过，生活过，一生就满足了。

自我陶醉一瞬间滑向极度痛苦：漫漫长途总有尽头！

——米兰·昆德拉

愿少年，乘风破浪，他日毋忘化雨功。

——汪曾祺《徙》

我这个人走得很慢，但是我从不后退。

——亚伯拉罕·林肯

每一种挫折或不利的突变，是带着同样或较大的有利的种子。

——爱默生

最糟糕的是人们在生活中经常受到错误志向的阻碍而不自知，真到摆脱了那些阻碍时才能明白过来。

——歌德

辛勤的蜜蜂永没有时间悲哀。

——布莱克

唾手可得的东西，没人会珍惜，恰到好处的冷漠，反而让人心生欢喜。

——戴尔·卡耐基

一朵花，长在树上，才有它的美丽；拿到人的手里就算完了。

——老舍

太阳升起来了，黑暗留在后面。但是太阳不是我们的，我们要睡了。

——曹禺

很多人不需要再见，因为只是路过而已，遗忘就是我们给彼此最好的纪念。

——林徽因

你的负担将变成礼物,你受的苦将照亮你的路。

——泰戈尔

一人知己足平生。

——赵翼

生活、一半烟火、一半清欢。
人生、一半糊涂、一半明白。

一个人不能骑两匹马,骑上这匹,就要丢掉那匹。

——歌德

一个人彻悟的程度,恰等于他所受痛苦的深度。

——林语堂《吾国吾民》

我慢慢明白了我为什么不快乐,因为我总是期待一个结果。

——马德

每次归程,都是为了更好出发;每次停歇,都是为了积攒力量。

——《人民日报》

留存一段记忆只是片刻,怀想一段记忆却是永远。

——林徽因

为美丽的结局,我们要勇敢要善良,但不是够勇敢够善良,就能有美丽的结局。

——茅盾

运去黄金失色,时来铁也生光。

——冯梦龙

每一个不曾起舞的日子,都是对生命的辜负。

——尼采

所谓阅历,不是要走遍千山万水,而是在平淡中体味生活的苦涩。

——韩松

失意作家说,失意让我们懂得,人生一直都在打草稿,从未上演。

——《天使爱美丽》

明确的爱,直接的厌恶,真诚的喜欢,站在太阳下的坦荡,大声无愧地称赞自己。

——黄永玉

> 我说出的每一句话,到头来都封住了我的本意。

你问我有哪些进步?我开始成为自己的朋友。

——阿兰·德波顿

静坐常思己过,闲谈莫论人非。

——金缨

不要向井里吐痰,也许你还会喝井里的水。

——《静静的顿河》

爱情就像攥在手里的沙子,攥得越紧,流失得越快。

——林徽因

不乱于心,不困于情,不畏将来,不念过往,如此,安好。

——丰子恺

没有所谓玩笑,所有的玩笑都有认真的成分。

——弗洛伊德

甚至伟人也有穷亲戚,这是一个令人伤感的事实。

——狄更斯

永远说实话,这样的话你就不用去记你曾经说过些什么。

——马克·吐温

生活在自己的世界里，也可以让周围的人显得可笑和渺小。

——《雨人》

有一个早晨我扔掉了所有的昨天，从此我的脚步就轻盈了。

——泰戈尔《飞鸟集》

你看这四顾苍茫，万里银妆。带砺山河，尽入诗囊，笑人生能几度有此风光？

——《澶渊之盟》

你笑我名门落魄，一腔惆怅，怎知我看透了天上人间，世态炎凉。

——曹雪芹

心脏是一座有两间卧室的房子，一间住着痛苦，另一间住着欢乐，人不能笑得太响。否则笑声会吵醒隔壁房间的痛苦。

——卡夫卡《箴言录》

真正的对手会灌输给你大量的勇气。

——弗兰兹·卡夫卡

文武之政，布在方策，其人存，则其政举；其人亡，则其政息，故为政在人。

——孔子

昨日种种，皆成今我，切莫思量，更莫哀，从今往后，怎么收获，怎么栽。

——胡适

像橡树般一寸寸成长起来的友情，要比像瓜蔓般突然蹿起来的友情更为可靠。

——《致锡德尼·多贝尔》

不论是多情诗句，漂亮的文章，还是闲暇的欢乐，什么都不能代替无比亲密的友谊。

——普希金

即使整个世界恨你，并且相信你很坏，只要你自己问心无愧，知道你是清白的，你就不会没有朋友。

——《简·爱》

既然太阳上也有黑点，"人世间的事情"就更不可能没有缺陷。

——车尔尼雪夫斯基

把手握紧,里面什么也没有;把手放开,你得到的是一切。

——《指环王》

我年轻过、落魄过、幸福过,我对生活一往情深。

有些风景，一旦入眼入心，即便刹那，也是永恒。

——《西西里的美丽传说》

请记得，如果你需要帮助，你永远有你的手可以自己动手。当你成长后你会发觉你有两只手，一只帮助自己，一只帮助他人。

——奥黛丽·赫本

我们唯一不会改正的缺点是软弱。

——拉罗什富科

仅次于选择益友，就是选择好书。

——考尔德

如果你希望成功，当以恒心为良友，以经验为参谋，以当心为兄弟，以希望为哨兵。

——爱迪生

我们的趣味仍然是我们读书的指路明灯，因为唯有趣味才能使我们身心激动不已，我们是凭着感情来读书的，我们不能压制自己的癖好，就是加以限制也不行。

——伍尔芙《伍尔芙读书随笔》

不应该追求一切种类的快乐,应该只追求高尚的快乐。
——德谟克利特

人生须知负责任的苦处,才能知道有尽责的乐趣。
——梁启超

我已经准备好了足够挡雨的伞,可是却迟迟没有等到雨的到来,这样的尴尬只是我漫长人生中的小插曲罢了。
——《千与千寻》

人生不如意十之八九,要么看得开,要么就认栽。
——《姜子牙》

生活中即使有更多的恶,也要相信有更多的善。
——查尔斯·狄更斯《雾都孤儿》

日月逝矣,时不我与。
——《论语》

当我真正开始爱自己,我才认识到,所有的痛苦和情感的折磨,都只是在警告我:我的生活违背了自己的本心。
——卓别林

幸运是不存在的,努力才是硬道理。

——《破产姐妹》

想要无可取代,就必须与众不同。

——加布里埃·香奈儿

一个知己就好像一面镜子,反映出我们天性中最优美的部分来。

——张爱玲

那时候,只一个人的浮世清欢,一个人的细水长流。

——林徽因

生命如流水、只有在他的急流与奔向前去的时候才美丽、才有意义。

如果我们在人生中体验的每一次转变都让我们在生活中走得更远，那么，我们就真正地体验到了生活想让我们体验的东西。

——《少年派的奇幻漂流》

不经一事，不长一智。

——曹雪芹

欢乐是希望之花，能够赐给她以力量，使她可以毫无畏惧地正视人生的坎坷。

凡是过往，皆为序章。

——莎士比亚

但凡是个敏感的成人，生来就有资格郁郁寡欢。

——菲茨杰拉德

过去的事情唯一可爱之处就在于它已经过去。

——王尔德

常相知，才能不相疑；不相疑，才能常相知。

——曹禺

世间有许多理想，也应该留着不实现。因为实现以后，跟着"我知道了"的快慰便是"原来不过如是"的失望。

——朱光潜《无言之美》

只要你不活在别人的期望里，你就是自由的。这可能是一生都完成不了的目标。

——卡内蒂《人的疆域》

人们很少做他们相信是对的事，他们做比较方便的事，然后后悔。

——鲍勃·迪伦

变得善良些,纯洁些,对别人有用些。

——巴金《家》

一蚊便搅一终夕,宵小原来不在多。

——赵翼

持身不可太皎洁,一切侮辱垢秽要茹纳得;处世不可太分明,一切贤愚好丑要包容得。

——李叔同

人生碌碌,竞短论长,却不道荣枯有数,得失难量。

——沈复

生活所需的一切不贵豪华,贵简洁;不贵富丽,贵高雅;不贵昂贵,贵合适。

——林语堂

一个人最伤心的事情无过于良心的死灭。

——郭沫若

脾气坏的人往往把天气和风向当作一个借口来掩饰他们那又暴躁又阴郁的脾气。

——狄更斯

在生活里，我们命中碰到的一切美好的东西，都是以秒计算的。

——高尔基

当你什么都经历了，你才发现，人生无论怎么精心策划，都抵不过一场命运的安排，命里有时终须有，命里无时莫强求。

——林徽因

未来如星辰大海般璀璨，不必踟蹰于过去的半亩方塘。

——《人民日报》

当遇上难以克服的困难,认为"已经不行了"的时候,其实并不是终点,而恰恰是重新开始的起点。

——稻盛和夫

人往往就是这样,一个人的时候是一种样子,好多人聚到一起时完全变成另外一种样子。

——陈忠实《白鹿原》

所有的事,如果有深意,那是因为它们含有矛盾。

——亨利·米勒《北回归线》

鸡蛋不敲破,荷包蛋是煎不成功的。

——萧伯纳

只有不断超越自己,才能获得真正的成就。

——穆格·阿卜杜拉赫曼

勇敢是无畏而不是无惧。

——卡米尔·阿特亚

热衷于去纠正别人,这本身就是痛苦的疾病。

——玛丽安·摩尔

没有过不去的事,只有过去的故事。

——《素媛》

人生就像是一块拼图,认识一个人越久越深,这幅图就越完整。但它始终无法看到全部,因为每一个人都是一个谜,没必要一定看透,却总也看不完。

——《城南旧事》

女人的美丽不存在于她的服饰、她的珠宝、她的发型,女人的美丽必须从她的眼中找到,因为这才是她的心灵之窗与爱心之房。

——奥黛丽·赫本

读书是最好的学习,追随伟大人物的思想,是富有趣味的事情啊。

——普希金

我们对别人的感觉,就取决于他们离开我们距离的远近。

——伍尔芙《到灯塔去》

他的确犯下了难以原谅的罪,我会说他是个罪人,可是他不一定是个坏人。

——《我们与恶的距离》

事不可做尽,言不可道尽。

——李叔同

我愿作一枚白昼的月亮,不求眩目的荣华,不淆世俗的潮浪。

——顾城《白昼的月亮》

现实如水母,看似美好无害实质总是致命伤人。

——《熔炉》

不要憎恨你的敌人,那会影响你的判断力。

——《教父》

玉可碎而不可改其白,竹可焚而不可毁其节。

——《三国演义》

乐不可极,极乐成哀;欲不可纵,纵欲成灾。

——《贞观政要》

斤斤计较的人,只适合买菜,不适合干大事。

——罗素

假如你想知道是谁控制了你,那看看谁是你不能批评的人。

——伏尔泰

为着追求光和热,人宁愿舍弃自己的生命。生命是可爱的,但寒冷的、寂寞的生,却不如轰轰烈烈的死。

——巴金

我以为别人尊重我,是因为我很优秀,后来才明白,别人尊重我,是因为别人很优秀。

——鲁迅

真正能给你撑腰的,是丰富的知识储备,足够的经济基础,持续的情绪稳定,可控的生活节奏,和那个打不败的自己。

——《皮囊》

记忆是一种相见的形式,忘却是一种解脱的方式。

——纪伯伦

一切都是瞬息,一切都将会过去,而那过去了的,都将成为美好的回忆。

——普希金

自由不是让你想做什么就做什么,自由是教你不想做什么,就可以不做什么。

——康德

未经审视的人生不值得度过。

——苏格拉底

真正成熟的人像水一样,在遭遇诽谤和误解时不会去做无谓的解释,也不会费力去辩驳。

——《洞见不一样的自己》

我宁愿靠自己的力量,打开我的前途,而不愿求有力者垂青。

没有被听见不是沉默的理由。

人,有了物质才能生存;人,有了理想才谈得上生活。

——《悲惨世界》

人都是为希望而活,因为有了希望,人才有生活的勇气。

——《安娜·卡列尼娜》

给我一只耳朵,我将给你以声音。

表面是清晰明了的谎言，背后却是晦涩难懂的真相。

令她反感的，远不是世界的丑陋，而是这个世界所戴的漂亮面具。

压倒她的不是重，而是不能承受的生命之轻。

——《生命中不能承受之轻》

孩子害怕黑暗，情有可原；人生真正的悲剧，是成人害怕光明。

——柏拉图

每个人都可能会摸到烂牌，把手上的烂牌打好，是我们一生唯一能做的事情。

——马家辉

这个时代人心浮躁，欲望繁重，而难得内心的"满足"，因此人生至关重要的不过是寻求内心的宁静。

——麦家

去生活，去犯错，去跌倒，去胜利，去用生命再创生命。

——詹姆斯·乔伊斯

要精明地处世，但不要那种世俗的精明。

——弗·夸尔斯

事情不取决于观点和叫嚷，正如船后的波纹，决定于行动。

——黑塞

处世不必邀功，无过便是功；与人不求感德，无怨便是德。

——洪应明《菜根谭》

面对看不起你的人，也绝不高看一眼，这是规矩也是礼貌。

——格兰特

未来的路不会比过去更笔直，更平坦，但是我并不恐惧，我眼前还闪动着道路前方，野百合和野蔷薇的影子。

——季羡林《八十抒怀》

没有一个人是禁得起分析的，能够试着了解，已是不容易了。

——三毛

没有比这件事更为常见：好事归功自己，坏事归罪命运，有理的总是我们，错误的总是命运。

——拉封丹

道理能轻易地战胜过去和将来的不幸，但眼前的不幸却战胜道理。

——拉罗什富科

人类的生命，并不能以时间长短来衡量，心中充满爱时，刹那即永恒。

——尼采

如果事先缺乏周密的准备，机遇也会毫无用处。

——托克维尔

没有目标而生活，恰如没有罗盘而航行。

——康德

诚实比一切智谋更好，而且它是智谋的基本条件。

——康德

反省是一面镜子，它能将我们的错误清清楚楚地照出来，使我们有改正的机会。

——海涅

你们要学习思考，然后再来写作。

——布瓦罗

没有更好的理解，只有不同方式的理解。理解进行的方式就是解释，在此背景下，理解的过程永远不会最终完成。

——伽达默尔

删除我一生中的任何一个瞬间，我都不能成为今天的自己。

没有什么比时间更具有说服力了,因为时间无需通知我们就可以改变一切。

——余华

你就是这道黑暗却强烈的光束,从属于你的夜晚中,照亮了他们曾经看不见的白天。

——爱德华·勒维

既然我已经踏上这条道路,那么,任何东西都不应妨碍我沿着这条路走下去。

——康德

生活不是苦难,也不是享乐,而是我们应当为之奋斗并坚持到底的事业。

——托克维尔

精神健康的人,总是努力地工作及爱人,只要能做到这两件事,其他的事就没有什么困难。

——弗洛伊德

志不真则心不热,心不热则功不贤。

——颜元

于是我们继续挣扎,逆流而上,被不断地推回,直到回到往昔的岁月。

——菲茨杰拉德

如果你不能飞,那就奔跑。

——马丁·路德·金

传千年之经义,燃万古之明灯。

——《典籍里的中国》

在衰落遗失的边缘坚守,在快捷功利的繁荣里坚持。

——《了不起的匠人》

公众不是没有文化追求,而是需要更好的表达方式,让更多的文物说话。

——《如果文物会说话》

各美其美,美人之美,美美与共,天下大同。

——费孝通

国家之魂,文以化之,文以铸之。

——《易经》

再小的人物,也能让历史吐出重重的叹息。

——余秋雨

即使没有月亮,心中也是一片皎洁。

——路遥

这个世界乱纷纷,先把自己铸炼成器。

——胡适

做一个世界的水手,奔赴所有的码头。

——惠特曼

过来人的话,没过来的人是听不进去的。

——马克斯·韦伯

一个人要帮助弱者、应当自己成为强者、而不是和他们一样变成弱者。

信心是灵魂的防腐剂。

——惠特曼

你很自由,充满了无限可能,这是很棒的事。

——东野圭吾

尽管一切叶子都终将凋落,我仍要抽出自己的绿芽。

——周国平

坚持下去,不是因为我们真的足够坚强,而是我们别无选择。

——丘吉尔

情商别太高,有时候智商接不住,有时候命运接不住。

——麦子

一个人在对另一个人的内心世界做出评判时,最好怀有一定程度的谦逊和宽容。

——卡勒德·胡赛尼《群山回唱》

人人误以为别人过得更幸福快乐,更坚定勇敢,其实大家吃了这么多苦,后来也都只敢趁夜色在街头偷偷哭一下。

——陶立夏《甜月亮》

根要扎在土壤里、和风一起生存、和种子一起过冬、和鸟儿一起歌颂春天。

——《天空之城》

我们不顾一切，只为感受自己真实地活着。

——《白日梦想家》

我们需要某些事物，来帮助我们从现实的复杂中抽离出来，或多或少地考虑下这些问题的由来，或多或少地考虑下，怎样努力才能……脱离那芸芸众生的苦海。

——《超脱》

有人说我们注定失败，不，因为注定失败，所以值得一搏。

——《至暗时刻》

你每天都在做很多看起来毫无意义的决定，但某天你的某个决定，就能改变你的一生。

——《西雅图夜未眠》

我们注定要失去我们所爱之人，不然我们怎么知道，他们对我们来说多么重要。

——《本杰明·巴顿奇事》

对，过去是痛楚的，但我认为，你要么可以逃避，要么可以向它学习。

——《狮子王》

我不要只是生存，我要活得有意义。

——《机器人总动员》

患精神病最糟的是，大家都期待你装没病。

——《小丑》

只要一点勇气，你就可以自己改变生活。

——《三傻大闹宝莱坞》

想哭就哭，想笑就笑，不用再为别人活着。

——《深海》

清醒是一种细小、且有耐性的英雄主义。

可埋葬的是秘密,无处安放的是心事。

——《心迷宫》

人生的意义永远在于拓展,而不在于固守,别管我今天是谁,我想成为一个更好的自己。

——《故宫100》

无人问津的日子,正是登峰造极的好时机。

——《人民日报》

人生无非:抬头观星,低头观心。

——《你好生活》

如果命运是世界上最烂的编剧,你就要争取,做你自己人生最好的演员。

——《开讲啦》

一个正直而富于感情的人总是诚实坦率的,但精明的人把你的话记在心里,然后把你吃掉。

——《罪与罚》

幸福若如此悲惨,请解救我于幸福。

——让·吉罗杜《间奏曲》

世界上没有简单的工作，只有外行的误解。

——李筱懿

人生海海，山山而川，不过尔尔。

——《人生海海》

海压竹枝低复举，风吹山角晦还明。

——陈与义《观雨》

你生而有翼，为何竟愿一生匍匐前进，形如虫蚁？

——贾拉尔·阿德丁·鲁米

去热爱那些没完没了下雨的日子，天黑得很快的日子。

——赫拉巴尔

新手总是太着急，高手总是打太极。内核稳定才能保持绝对清醒。